AF356668

ORDONNANCES

CONCERNANT LA

Chambre des Monnoyes,
& sa Iurisdiction.

A PARIS,

Chez C. MOREL, ruë S. Iacques,
à la Fontaine.

M. DC. XXXI.

H ENRY, &c. A tous prefens
& à venir, Salut. Comme de
long temps & d'ancienneté ait
efté inftituée & eftablie noftre
Chambre de nos Monnoyes
en noftre ville de Paris, par
nos predeceffeurs Roys de France (que Dieu
abfolue) & par nous confirmée, auec vn Prefi-
dent & dix Confeillers generaux, nos Aduo-
cat & Procureur, & autres Officiers, pour
nous confeiller en ce qu'il nous conuient faire
pour donner ordre au faict de nofdites monnoyes, par lefquelles font eftimées toutes
chofes qui font neceffaires pour l'vfage des
hommes, & inuentées par la facilité du com-
merce des vns aux autres, & par lefquelles
toutes chofes reçoiuent leur certain prix &
eftimation. En laquelle Chambre lefdits generaux ont entiere cognoiffance, iurifdiction
& fuperintendance priuatiuement à tous Iuges, tant de nos Cours fouueraines, que Iuges ordinaires de nos Royaume, pays, terres
& Seigneuries, pour iuger & determiner fi
lefdites monnoyes font fabriquées des poids
& loy, ou dedans les remedes fur ce ordonnez, & des fautes, maluerfations & abus qui
fe commettent au faict de nofdites monnoyes,

A ij

tant par les Maiſtres particuliers & Officiers
d'icelle, que changeurs, orfeures, ioyauliers,
affineurs, depatteurs, bateurs d'or & d'argent, mineurs & officiers de mines, cueilleurs
& amaſſeurs d'or, & de pailloles de noſtredit
Royaume, pays, terres & ſeigneuries, en ce
qui concerne leurs charges, offices, eſtats &
meſtiers. Et auſſi leur auoit eſté attribué la
iuriſdiction & cohertion par concurrence &
preuention à nos autres Iuges ordinaires, contre les faux-monnoyeurs, rongneurs de monnoyes, allocateurs d'icelles, & infracteurs de
nos Ordonnances, ſur le cours & miſes de nos
monnoyes & des monnoyes eſtrangeres, auſquelles nous donnons & defendons le cours
& miſe en noſdits Royaume, pays, terres &
ſeigneuries. Et auſſi pour cognoiſtre des appellations qui ſeront interiectées, tant des
Preuoſts, gardes, & autres Officiers de noſdites monnoyes, que des conſeruateurs des
priuileges de noſdites mines, és cauſes & matieres deſquelles ils doiuent cognoiſtre par
noſdites Ordonnances : à la charge que s'il
eſtoit appellé des ſentences & iugemens de
noſtredite Chambre, leſdites appellations ſe-
roient decidées & determinées en noſtre Cour
de Parlement à Paris. Au moyen deſquelles
appellations leſdits Maiſtres & Officiers,
changeurs, orfeures, & autres deſſuſdits ne
craignent leſdits iugemens de noſtredite Chã-
bre, & ne ſont curieux de bien verſer en leurs
eſtats, offices & meſtiers, ſe confians par lédit.

appel, lequel prend quelquesfois lóng traiⅭ
de temps, d'esgarer, & deguiser leurs fautes,
maluersations & abus, au grand dommage de
nous & de nos sujets.

1. Sçauoir faisons, que nous voulans sur
ce pouruoir, apres auoir mis la matiere en deliberation auec aucuns Princes de nostre sang,
& autres grands & notables personnages, pour
ce conuoquez & assemblez en nostre Priué
Conseil, & par l'aduis d'iceluy, auons creé,
erigé, & estably, creons, erigeons & establissons par ces presentes, nostredite Chambre
des Monnoyes seant à Paris en Cour & Iurisdiction souueraine & superieure, pour y estre
cogneu, iugé, & decidé par Arrest en dernier
ressort, & sans appel de toutes matieres ciuiles & criminelles, dont la cognoissance appartient, & est attribuée à ladite Chambre par
Ordonnance, tant de Nous que de nos predecesseurs Roys: soit en premiere instance, ou
par appel desdites gardes, Preuosts, & conser-
uateurs des priuileges des mines.

2 Contre lesquels iugemens & Arrests nul
ne sera receu, sinon par la voye de proposition
d'erreur, és matieres desquelles par nos Ordonnances l'on peur proposer erreur, & tout
ainsi qu'en nos autres Cours souueraines: à la
charge toutesfois que pour donner lesdits Arrests, il y aura tousiours le nombre de neuf
pour le moins, desdits Generaux de nos monnoyes, auec le President, ou le plus ancien
desdits Generaux, pour l'absence dudit Presi-

A iij

dent: de façon qu'esdits iugemens ils soient tousiours en nombre de dix.

3 Et pource qu'il n'y a de present en ladite Chambre sinon vn President, & dix Conseillers generaux, qui sont tenus d'enuoyer ordinairement aucuns d'entr'eux, pour visiter l'estat de nosdites mônoyes, & Officiers d'icelles par tous nosdits Royaume, pays, terres, & seigneuries, tellement qu'ils ne pourroient estre en nombre suffisant pour donner lesdits Arrests. A cette cause voulans à ce pouruoir, & que les procez ciuils & criminels suruenans en nostredite Cour des Monnoyes, soient mieux instruits & iugez, selon droict & raison, par suffisant nombre de Iuges, comme dit est, & ladite Cour tenuë en meilleure & plus grande authorité: Nous auons par l'aduis & deliberation de nostredit Conseil, creé, erigé, & establi, creons, erigeons & establissons en icelle nostre Cour des Monnoyes, vn second President, & trois Conseillers generaux de robbe longue, licentiez, sçauans & experimentez au faict de Iudicature, aux gages qui leur seront par Nous cy apres ordonnez: & à tels autres droits, profits, preeminences, franchises, priuileges & libertez qui y appartiennent, & qu'ont iouy, & iouyssent lesdits Presidens & Generaux de l'ancienne creation & institution.

4 Et outre disons, declarons & ordonnons, qu'aduenant vacation d'aucuns offices desdits Presidens & Generaux, il y sera par nous &

nos successeurs Roys, pourueu de personnes
de robbe longue, sçauans & experimentez au
fait de iudicature: tellement qu'outre lesdits
Presidens, le nombre d'iceux generaux Conseillers de robbe longue soit tousiours de sept
pour le moins, & de ceux de robbe courte six
au plus, sçauans & experimentez au faict de
nosdites monnoyes, tous sujets à examen,
auant qu'ils puissent estre receus esdits estats
& offices, lesquels d'oresnauant se feront re-
ceuoir, & presteront le serment sur ce deu &
accoustumé en nostredite Cour des Mónoyes,
& non ailleurs.

5. Et afin que chacun sçache de quelles causes & matieres icelle nostre Cour deura co-
gnoistre, & qu'aucun trouble ou empeschement n'y soit mis par nos Cours de Parlement,
Chambre des Comptes, Baillifs, Seneschaux
& Iuges quelconques: Auons dit, declaré &
ordonné, disons, declarons & ordonnons par
cesdites presentes, de nos certaine science,
pleine puissance & authorité Royal, Delphinal, & Prouençal, que nostredite Cour des
Monnoyes cogn oistra sans appel & en dernier
ressort, comme dit est, priuatiuement à tous
Iuges, soient de nos Cours souueraines. Chambre des Comptes, ou autres de nosdits Royaume, pays, terres & seigneuries, des deniers
des boëtes de toutes nosdites Monnoyes: ensemble des fautes & maluersations commises,
& qui se commestront par les Maistres, gardes,
Preuosts, essayeurs, tailleurs, contregardes,

ouuriers, monnoyeurs, changeurs, affineurs, departeurs, bateurs, tireurs d'or & d'argent, mineurs, cueilleurs d'or de paillole, orfeures, ioyauliers, graueurs, balanciers, & autres faisans fait de nofdites monnoyes, circonftances & dependances, en ce qui concerne leurs charges, eftats & meftiers, vifitations & rapports que les Maiftres d'iceux meftiers feront tenus faire d'orefnauant : c'eft à fçauoir en noftredite ville de Paris, par deuant les Generaux de noftredite Cour des Monnoyes : & aux autres villes de noftredit Royaume, pays, terres & feigneuries, par deuant les gardes & Preuofts d'icelles monnoyes, chacun en fon deftroit & reffort.

6 Auffi cognoiftra noftredite Cour des Monnoyes, par preuention & concurrence, auec nos Baillifs, Senefchaux & autres Iuges, du faict des faux monnoyeurs, rongneurs & autres, de quelque eftat & condition qu'ils foient, infracteurs de nos Ordonances, touchant le faict de nofdites monnoyes, & generalement de tous autres cas ciuils & criminels, dont la cognoiffance eft attribuée & appartient aufdits Generaux de nos Monnoyes par ordonnance tant de Nous que nos predeceffeurs Roys, circonftances & dependances, le tout par Arreft & en dernier reffort, comme deffus, iufques à condamnation & execution corporelle, mefmement de mort, & abfciffion de membres incluſiuement, foit en premiere inftance, ou par appel des commis &
deputez

deputez par ladite Cour, Gardes, Preuofts def-
dites monnoyes, & conferuateurs des priuileges des mines : en tout cas defquels peuuent
cognoiftre en premiere inftance.

7 Lefquels Arrefts & iugemens de noftredite Cour des Monnoyes, voulons eftre exe-
cutez incontinent, & fans delay, tant en noftredite ville, Preuofté & Vicomté de Paris,
qu'autres lieux & endroits de nofdits Royaume, pays, terres & feigneuries, fans demander aucunes lettres de *vifa*, *placet*, ou *pareatis*,
ne faire aucunes infinuations à nos Cours de
Parlement, ou autres Iuges defdits pays : no-
nobftant qu'ils vouluffent pretendre lefdits
Generaux de nos monnoyes n'auoir territoi-
res pour executer leufdits iugemens & arrefts,
& quelconques autres priuileges, ftatuts &
ftiles pretendus au contraire : aufquels nous
auons derogé & derogeons par cefdites pre-
fentes, & à la derogatoire de la derogatoire.

8 Et enioignons bien expreffément à nos
Preuofts de Paris, Baillifs, Senefchaux & autres Iuges, chacun en droit foy, qu'aufdits
Generaux des monnoyes, leurs commis & deputez, baillent confeil, confort, ayde, fe-
cours, auec prifons, outils & lieux pour bail-
ler tortures, Sergens & executeurs de haute
Iuftice : toutesfois qu'ils en feront requis pour
la confection defdits procez criminels, &
executions de leurfdits iugemens & arrefts :
fans en ce leur faire mettre ou donner, ne
fouffrir leur eftre fait, mis ou donné, directe-

ment ou indirectement aucun trouble, destourbier ou empeschement : sur peine d'amendes arbitraires, & d'estre punis comme rebelles & desobeyssans à nos commádemens, Edicts & Ordonnances, dont ils seront iusticiables pour ce regard en nostredite Cour des Monnoyes : en enioignant à nostre Procureur General en icelle, d'en faire les poursuites à ce requises & necessaires.

9   Declarons en outre que les parties, tant de pays custumier, que de droict escrit, qui auront mal appellé en nostredite Cour des Monnoyes, seront condamnez enuers Nous pour le fol appel en trente liures parisis d'amende, qui sera receuë par le Receueur des exploits & amendes de ladite Cour.

Si donnons en mandement à nos amez & feaux Conseillers les gens tenans nostredite Cour de Parlement à Paris, &c. Donné à Fontainebleau au mois de Ianuier, l'an de grace mil cinq cens cinquante vn, & de nostre regne le cinquiesme. *Visa.* Signé au bas, Par le Roy en son Conseil. DE L'AVBESPINE.

Lecta, publicata, & registrata, audito Procuratore generali Regis, de expresso mandato eiusdem domini Regis, excepto quantum ad cognitionem in vltimo ressorto materiarum criminalium. Actum Parisiis in Parlamento duodecima mensis Aprilis, anno Domini millesimo quingentesimo quinquagesimo primo ante Pascha. Signé, DV TILLET.

Lecta, publicata, & registrata de mandatis expressissimis reiteratis, in registro curiæ contentis, Parisiis in Parlamento, sextadecima die May, anno Domini millesimo quingentesimo quinquagesimo secundo. Signe, CAMVS.

EVOCATION ET RENVOY
en la Cour des Generaux des monnoyes, de toutes les causes & matieres estans de la iurisdiction & cognoissance de ladite Cour, en quelque estat qu'elles soient pendantes & indecises par deuant les Cours de Parlement, grand Conseil, & autres iurisdictions de ce Royaume.

ENRY, &c. A tous ceux qui ces presentes lettres verront, Salut. Comme par Edict donné au mois de Ianuier, mil cinq cens cinquante-vn, publié en nostre Cour de Parlement à Paris & ailleurs ou besoin auroit esté : Nous eussons creé & erigé nostre Chambre des Monnoyes seant à Paris, en Cour & Iurisdiction souueraine & superieure, pour y estre cogneu, iugé & decidé par Arrest en dernier ressort, & sans appel, priuatiuement à tous Iuges, soient de nos Cours souueraines, Chambres des Com-

ptes, ou autres Iuges de nosdits Royaume,
pays, terres, & seigneuries de nostre obeys-
sance, des deniers des boüetes de toutes nos
monnoyes, ensemble des fautes & maluersations commises, & qui se commettent par les
Maistres, gardes, Preuosts, essayeurs, tailleurs,
contregardes, ouuriers, monnoyeurs, changeurs, affineurs, departeurs, tireurs d'or &
d'argent, mineurs, cueilleurs d'or de paillole,
orfeures, alchquemistes, graueurs, balan-
ceurs, & autres faisans fait de nosdites monnoyes, circonstances & dependances, ce que
concerne leurs charges, estats & mestiers, vi-
sitations & rapports: & desdites matieres, leurs
circonstances & dependances interdit & de-
fendu à tous Iuges la cognoissance, iurisdiction, iugement & decision, & aussi par preuention & concurrence du fait des faux monnoyeurs, rongneurs & expositeurs, & autres
de quelque estat & condition qu'ils soient, infracteurs de nos Ordonnances, touchant le
fait de nosdites monnoyes: & generalement
de tous autres cas ciuils & criminels, dont la
cognoissance est attribuée & appartient à
nostredite Cour des monnoyes, par Ordonnance tant de Nous que de nos predecesseurs
Roys, circonstances & dependances, le tout
par Arest en dernier ressort, comme dit est.
Ce neantmoins nous auons esté aduertis que
plusieurs personnes pour éuiter la correction
& punition des fautes, crimes, delits & maluersations par eux commises és choses dessus-

dites, & pour rendre les procez immortels, auoient sous faux donné à entendre: & par importunité, fait euoquer à Nous, & nostre Priué Conseil plusieurs procez, tant en matieres ciuiles que criminelles, commencez à instruire par nosdits Generaux des monnoyes, tant auparauant ledit Edict & souueraineté, que depuis iceluy, & iceux fait renuoyer tant en nos Cours de Parlement de Paris, Tholoze, Roüen, Grenoble, grand Conseil, que par-deuant autres Iuges Royaux, & deleguez, contre l'effect de nos Ordonnances, & Edict de souueraineté, tel que dessus, au grand preiudice, dómages, & interests de Nous, & de nostre chose publique, pour le retardement de l'expedition desdites matieres & procez, & punition des crimes & delits : ce qui n'aduiendroit si nosdits Generaux, qui sont Iuges ordinaires de telles matieres & procez criminels & delits, en auoient seuls l'entiere cognoissance, iugemét & decision, comme ils doiuent auoir, suiuant nosdites Ordonnances, & Edict de souueraineté : à quoy est bien requis remedier & pouruoir.

1 Parquoy, Nous ce consideré, & qu'en euoquant ainsi par Nous les procez & matieres dont la cognoissance, iugement & decision en appartient à nostredite Cour des Monnoyes, suiuant nostre Edict, & les ayans renuoyez par deuant autres Iuges, est chose contraire audit Edict, & à nos vouloir & intention, attendu mesmes que chacun Iuge doit

cognoiſtre & iuger des matieres qui luy ſont commiſes & attribuées par noſdites Ordonnances & Edict. & n'en entreprendre Cour & Iuriſdiction l'vn ſur l'autre. A ces cauſes, & pour le bien & ſoulagement de nos ſujets, & afin que Iuſtice ſoit plus promptement faite & adminiſtrée à vn chacun, Auons par l'aduis & deliberation d'aucuns Princes de noſtre ſang, & autres gens de noſtre Priué Conſeil, de nos certaine ſcience, pleine puiſſance & authorité Royal, Prouençal & Delphinal, euoqué & euoquons à Nous, & à noſtre perſonne tous & vn chacun les differens, tant ciuils que criminels, qui ſont attribuez à noſtre Cour des Monnoyes par ledit Edict & Ordonnance, ſoit priuatiuement ou par concurrence & preuention, leurs circonſtances & dependances, en quelque eſtat qu'ils ſoient, & par deuant quelconques Iuges, ſoit en noſtre Conſeil Priué, Cour de Parlement de Paris, Tholoſe, Grenoble, ou autres nos Cours de Parlement, grand Conſeil, ou par deuant le Preuoſt de Paris, & autres nos Iuges: & iceux procez & matieres, tant ciuiles que criminelles, leurſdites circonſtances & dependances, auons renuoyées & renuoyons en icelle noſtredite Cour des Monnoyes: pour y eſtre inſtruites, ſi inſtruites ne ſont, & y eſtre iugées, decidées & terminées, ſuiuant la forme de nos Edicts.

2 En interdiſant à noſdites Cours de Parlement, grand Conſeil, & à tous autres nos Iu-

ges la cognoiſſonce, iugement & deciſion deſ-
dits procez & matieres, leurs circonſtances
& dependances, le tout nonobſtant oppoſi-
tions ou appellations quelconques faites ou
à faire, & auſquelles nos Cours de Parlement,
grand Conſeil, & autres Iuges, que beſoin
ſera, Nous voulons ces preſentes eſtre ſigni-
fiées par le premier noſtre Huiſſier, ou Ser-
gent ſur ce requis, qu'à ce faire commettons,
& auſſi pour faire le renuoy en icelle noſtre
Cour des Monnoyes de toutes les matieres &
procez : leurs circonſtances & dependances,
ſans qu'il ſoit tenu pour ce demander aucunes
lettres de *placet*, *viſa*, ne *pareatis* : Car tel eſt
noſtre plaiſir, &c. Donné à Fontainebleau le
troiſieſme iour de Mars, l'an mil cinq cens
cinquante-quatre : Et de noſtre regne le hui-
ctieſme. Par le Roy eſtant en ſon Conſeil.
Ainſi ſigné, CLAVSSE.

*Leuës, publiées, & enregiſtrées en la Cour des
Monnoyes, le Procureur General du Roy en icelle, ce
requerant, le trentieſme iour de Mars, l'an mil cinq
cens cinquante-quatre auant Paſques. Ainſi ſigné,*
HOTMAN.

www.ingramcontent.com/pod-product-compliance
Lightning Source LLC
LaVergne TN
LVHW010804180726
843502LV00011B/4339